Kräuter-gärtlein

JAN THORBECKE VERLAG

Inhalt

Vorwort 4 | Lavendel 6 | Sauerampfer 8 | Bärlauch 10 | Liebstöckel 12 | Melisse 14 | Baldrian 16 | Thymian 18 | Kapuzinerkresse 20 | Basilikum 22 | Löwenzahn 24 | Majoran 26 | Brennnessel 28 | Ringelblume 30 | Dill 32 | Kerbel 34 | Rosmarin 36 | Salbei 38 | Oregano 40 | Estragon 42 | Kresse 44 | Kamille 46 | Petersilie 48 | Rucola 50 | Schnittlauch 52 | Giersch 54 | Koriander 56 | Borretsch 58 | Pfefferminze 60 | Waldmeister 62

O, große Kräfte sind's,
weiß man sie recht zu pflegen,
Die Pflanzen, Kräuter, Stein
in ihrem Innern hegen.

WILLIAM SHAKESPEARE, ROMEO UND JULIA II, 3

Schon in der Antike nutzten die Menschen Kräuter in den unterschiedlichsten Bereichen. Im Mittelalter wurden sie in Klostergärten kultiviert, als Würz- und Heilpflanzen verwendet und spielen in verschiedenen Bräuchen eine Rolle. Heute sind Kräuter in ihren vielfältigen Formen, Farben und Wirkungen aus Küche und Heilpraxis nicht mehr wegzudenken. Ob als Unkraut verkannt oder auf Grund besonderer Inhaltsstoffe mit Vorsicht zu genießen, Kräuter würzen unsere Speisen, betören unsere Sinne und entfalten wohltuende Heilkräfte in unserem Körper. Der Vielfalt dieser Pflanzen und ihrer Verwendung sind keine Grenzen gesetzt: So zaubern ihre hübschen Blüten Farbe in unsere Gärten und auf unsere Gerichte, ihr aromatischer Duft entführt uns in mediterrane Länder und verschiedene Leiden können auf schonende Weise kuriert werden. Dabei gilt fast immer: Nichts geht über frische Kräuter. Da die meisten leicht auf der Fensterbank gezogen werden können, kann sich jeder ein eigenes duftendes Kräutergärtlein und eine eigene kleine Hausapotheke dieser Alleskönner anlegen.

Lavendel

LAVANDULA ANGUSTIFOLIA

In einem herrlich duftenden Kräutergarten darf der Lavendel nicht fehlen. Spielt er zwar als Würzkraut eine eher untergeordnete Rolle, so sollte das intensive Aroma der frischen und jungen Blätter nicht unterschätzt werden. Als Bestandteil der Kräuter der Provence ist er zur Verfeinerung von Geflügel- und Fischgerichten, Kräutersoßen, Pizza oder Marinaden geeignet. Auch ein ins Grillfeuer geworfener Lavendelzweig verleiht dem Grillgut ein besonderes Aroma und erfüllt die Luft mit einem köstlichen Duft. Die leicht bitteren Blüten des Lavendels sind zudem schöne Farbtupfer in Salaten oder auf Desserts. Verbreiteter jedoch ist die Nutzung des Lavendels als Duft- und Heilpflanze. Bekannt sind die weiten Felder in der Provence, auf denen Lavendel für kosmetische und heilende Zwecke angebaut wird. Die beliebten Duftsäckchen zaubern einen angenehmen Duft in jeden Kleiderschrank. Als Badeessenz oder Tee aufbereitet, entfaltet er sein wohltuendes Aroma und seine beruhigende Wirkung. Lavendel hilft bei Herz- und Kreislaufproblemen, Schlafstörungen, Migräne oder Nervosität.

Sauerampfer

RUMEX ACETOSA

Wie sein Name schon verrät, ist Sauerampfer vor allem für aromatische Salate, Kräutersuppen und -quark die erfrischend saure Zugabe. Vor allem in Belgien und Frankreich ist er beliebt, wo gerne Sauerampfersuppe verzehrt wird, die aus den gekochten Blättern des Gewürzkrautes besteht. Feingehackt und in Butter gedünstet, ist er ein sehr schmackhaftes, leider aber fast in Vergessenheit geratenes Gemüse. Auch mit oder wie Mangold und Spinat kann man ihn kochen, jedoch bekommt er einen metallischen Geschmack, kocht man ihn in einem Eisentopf. Wegen seines hohen Oxalsäuregehaltes sollte man Sauerampfer allerdings nur selten und in geringer Menge roh verzehren. Die mehrjährige, in ganz Europa weit verbreitete Wildpflanze überragt meist seine Nachbarn auf der Wiese an Höhe und gedeiht auch an für sie ungünstigen Standorten, so dass sie fast für Unkraut gehalten werden kann. Aber Sauerampfer ist auch sehr gesund: Er enthält Vitamin A und C und stärkt somit die Abwehrkräfte und entschlackt den Organismus.

Bärlauch

ALLIUM URSINUM

Für den Sammler drängt sich der Bärlauch, der im lichten Wald meist großflächig verbreitet wächst, durch seinen knoblauchartigen Geruch förmlich auf. Seine jungen Blätter werden vor allem in der Küche genutzt. Als Gewürz oder Pesto, in der Kräuterbutter und in Salaten findet das würzige Kraut vor allem im Frühjahr seine Verwendung. Hierbei sollte der Bärlauch jedoch frisch verarbeitet werden, da er durch Trocknen, Kochen oder Einfrieren sein markantes Aroma und den hohen Vitamin-C-Gehalt verliert. Zudem wird dem Waldknoblauch eine heilende Wirkung nachgesagt. So wird er bei Magenbeschwerden eingesetzt und soll wie Knoblauch den Cholesterinspiegel senken und die Frühjahrsmüdigkeit mindern, doch sind die Inhaltsstoffe des Bärlauchs weniger reichhaltig. Beim Sammeln sollte man jedoch vorsichtig sein, die Blätter nicht mit denen des Maiglöckchens oder der Herbstzeitlose zu verwechseln. Diese sehen sehr ähnlich aus, sind aber hochgiftig. Erst wenn der Bärlauch seine weißen, sternenförmigen Blüten, die sich zu einer Kugel formen, zeigt, besteht keine Verwechslungsgefahr mehr.

Liebstöckel

LEVISTICUM OFFICINALE

Der Liebstöckel kündigt sich schon von Weitem durch seinen intensiven und würzigen Duft an. Das Maggikraut, wie er auch genannt wird, da er geschmacklich an das bekannte Würzmittel erinnert, ist ein sehr beliebtes Würzkraut. Eintöpfe, Wurstwaren, Salate und Fisch-, Fleisch-, aber auch Pilzgerichte können mit seinem würzigen, süßlich-herben und an Sellerie erinnernden Aroma abgerundet werden. Auch getrocknet behält dieses Kraut sein intensives Aroma, weshalb es sparsam eingesetzt werden sollte. Die getrockneten Samen machen fette und schwer verdauliche Gerichte bekömmlicher, da sie die Verdauung fördern. Aber auch beim Brotbacken finden sie Verwendung. Die Wurzel kann kleingehackt und als Tee aufgegossen werden und soll harntreibend, schleimlösend und entkrampfend wirken. Daher wird das Kraut in der Volksheilkunde gern bei Menstruationsbeschwerden und Harnwegsinfektionen eingesetzt.

Melisse

MELISSA OFFICINALIS

Die kleinen gelblich- bis rosafarbenen Blüten der zitronig-frisch duftenden Melisse werden rege von Bienen und Hummeln angeflogen. Auf ihre Nutzung als Bienenweide verweist schon ihr Name, leitet er sich doch vom griechischen *meli*, Honig, ab. Der gebräuchliche Name »Zitronenmelisse« verweist zugleich auf ihren aromatischen Duft. Erntet man die Blättchen noch vor der Blüte, kann man die intensive Würzkraft des Krautes für Salate, Fleisch- und Fischgerichte, aber auch für Desserts, Kuchen oder Marmeladen nutzen. Vor allem als leckere Verzierung eignen sich die saftigen Blätter, mit denen auch gerne kalte Getränke und Bowlen dekoriert werden können. Die Melisse liebt einen sonnigen, trockenen und humusreichen Standort, an dem sie ihre wertvollen Wirkstoffe am besten entfaltet. Diese werden in Tees bei Einschlafstörungen, Nervosität, Krämpfen und Verdauungsproblemen und in antiviralen Salben oder Ölen sowie für entspannende Bäder genutzt.

Baldrian

VALERIANA OFFICINALIS

Der botanische Name des Baldrians leitet sich ab vom lateinischen *valere*, »gesund sein«. Das Kraut wurde früher als Pestmittel und zur Heilung verschiedener Augenkrankheiten verwendet. Auch heute noch schätzt man die Pflanze als Heilmittel, allerdings wird sie nun wegen ihrer krampflösenden und beruhigenden Wirkung bei Nervosität und Schlafstörungen eingesetzt. Als Pulver, Tee oder Tinktur können hierfür die getrockneten Wurzeln und Blüten aufbereitet werden, wobei auch der charakteristische Geruch entsteht. Wegen dieses Geruchs galt der Baldrian im Mittelalter als Hexenkraut, im Volksmund wurde er zudem als Katzenkraut bezeichnet, da sein Duft Katzen anlockt. Doch auch als Zierpflanze findet der schön blühende Baldrian in unseren Gärten eine immer größere Verbreitung. Als mehrjährige Pflanze wächst er gern an feuchten Stellen und zeigt seine hellrosa Blütendolden von Mai bis September.

Thymian

THYMUS VULGARIS

Der Echte Thymian ist eines der beliebtesten und bekanntesten Gartenkräuter. Zum Glück gedeiht die immergrüne und ausdauernde Gewürzpflanze auch in unseren Breiten, so dass viele Fisch-, Fleisch- und vegetarische Gerichte mit ihr frisch aus dem Garten verfeinert werden können. Aus der provenzalischen Küche ist der Thymian nicht wegzudenken. Auch getrocknet kommt er zum Einsatz, doch Vorsicht: Sein Geschmack ist so noch intensiver als frisch. Für einen Wintervorrat sollte man vor der Blüte die Zweige abschneiden und als Bündel kopfüber zum Trocknen aufhängen. Im Frühsommer werden die Zweige mit ihren hübschen, zartrosa Blüten gesammelt, die für Aufgüsse, Essenzen, ätherische Öle und Sirup verwendet werden können. Jedoch sollte man ihn nach dem Abblühen zurückschneiden, damit er frisch austreiben kann. Auch als Heilpflanze ist er ein wahrer Alleskönner, sein Hauptanwendungsgebiet sind jedoch Erkrankungen der Atemwege. Vorsicht bei Kindern und Allergikern: Sein Geruch zieht Bienen und Hummeln stark an.

Kapuzinerkresse

TROPAEOLUM MAJUS

Die rankende Kapuzinerkresse mit ihren leuchtenden, gelb-orangefarbenen Blüten ist in jedem Garten und auf jedem Balkon ein echter Blickfang. Anspruchslos bevorzugt sie lediglich einen sonnigen Platz und kann leicht als Zierpflanze und für den eigenen Gebrauch angebaut werden. Denn sie sieht nicht nur schön aus, sondern schmeckt auch köstlich. Die jungen Blätter geben Salaten mit ihrem scharfen Geschmack eine würzige Note, die unreifen Samen können eingelegt werden und als Kapernersatz dienen. Die essbaren Blüten sind eine wunderschöne Dekoration auf Salaten und in Kräutersoßen. So ist das Kraut ein wahrer Augen- und Gaumenschmaus zugleich. Aber auch in der Hausapotheke sollte sie einen festen Platz haben: Durch ihre antibakterielle Wirkung kann man sie als Heilmittel bei Erkältungen und Blasenentzündungen anwenden. Doch wird von einem übermäßigen Verzehr abgeraten, da es zu Reizungen des Magens und Darms kommen kann.

Basilikum

OCIMUM BASILICUM

Als Gewürz hat das Basilikum getrocknet oder frisch in jeder Küche seinen festen Platz. Vor allem bei italienischen Gerichten, als Pesto oder zusammen mit Tomaten und Mozzarella, aber auch beim Würzen von Fleisch und Fisch schätzt man seinen Geschmack. Dabei sollten die frischen Blätter verwendet werden, verliert das Kraut doch beim Trocknen einen Teil seines würzigen Aromas. Beim Kochen aber verstärkt sich der Geschmack des Basilikums. Auch eine heilende Wirkung wird dem Basilikum zugeschrieben. Bezeichnenderweise bedeutet sein Name, abgeleitet aus dem Griechischen, so viel wie »königliche Heilpflanze«, und so findet sich auch bei uns die Bezeichnung Königskraut. Basilikum regt Appetit und Verdauung an und soll sogar gegen Magengeschwüre wirksam sein. Von einer Verwendung als Heilpflanze wird aber dennoch abgeraten, da Basilikum Estragol enthält, welches im Verdacht steht, in großen Mengen krebserregend zu sein.

Löwenzahn

TARAXACUM OFFICINALE

Der widerstandsfähige und anspruchslose Löwenzahn lässt sich nicht aus dem Garten vertreiben, was Gartenbesitzer zur Verzweiflung bringen kann. Warum sich dann nicht mit dem »Feind« verbünden und die Vorteile dieses vermeintlichen Unkrautes genießen? Die jungen Blätter, Knospen und auch die Blüten dieser Pflanze schmecken in einem würzigen Salat einfach lecker. Aus den Blüten kann auch ein honigähnlicher Sirup oder ein Gelee als außergewöhnlicher Brotaufstrich hergestellt werden. Zudem ist der Löwenzahn sehr gesund, enthält er doch die Vitamine A, B, C und D, Eisen sowie Mineralstoffe, wirkt harntreibend und kann bei Verdauungsbeschwerden eine heilende Wirkung entfalten. Doch sollte Löwenzahn nur auf abgelegenen Wiesen gesammelt werden, die sich nicht neben einer Straße befinden.
Je nach Standort kann er sehr unterschiedlich aussehen: So können seine Blätter von stark gezackt bis fast ausschließlich abgerundet, von sehr zart bis regelrecht hart variieren.

Majoran

ORIGANUM MAJORANA

Dieses Würzkraut ist vor allem aus der mediterranen Küche, aber auch als typisches Gewürz für Wurstwaren bekannt. Pizza, Pasta, Fisch- und Wildgerichten verleiht der Majoran eine herzhafte Würze und ist auch in Suppen, Soßen, Bohnen- oder Erbsengemüse schmackhaft. Sein Aroma bleibt sogar erhalten, wenn er gekocht oder getrocknet wird, wobei beim Letzteren die gesamten Stängel mit Blätter, Knospen und Blüten verwendet werden können. Frische Majoranspitzen werden am besten morgens geerntet, da der Gehalt der ätherischen Öle zu dieser Zeit am höchsten ist. Gern wächst das Kraut an einem sonnigen und trockenen Standort, im Herbst sollte es allerdings eingetopft und ins Haus geholt werden, da es kälteempfindlich ist. Zwar gibt es auch winterharte Pflanzen, doch entfalten diese kaum ihr ansprechendes Aroma. Auch als Topfpflanze überdauert die mediterrane Pflanze unseren Winter nicht, doch sie kann leicht aus Samen neu gezogen werden. Neben seinem würzigen Aroma entfaltet der Majoran auch eine verdauungsfördernde, harntreibende und krampflösende Wirkung.

Brennnessel

URTICA

Wer kennt nicht die schmerzhafte Reaktion der Haut nach Kontakt mit der Brennnessel? Aber was uns Schmerzen bereitet, schützt die Brennnessel vor der vollständigen Vertreibung aus dem heimischen Garten. Zum Glück, denn als Wildgemüse für die Küche wie auch als Heilpflanze wird sie heute noch weitgehend unterschätzt und oft eher als lästiges Unkraut angesehen. Mit einem beherzten Griff lassen sich die jungen Blätter nahezu brennfrei ernten und geben Salaten und Suppen eine markante und köstliche Note. Auch lässt sich die Brennnessel wie Spinat zubereiten. Reich an Vitamin C und B, Kalium, Kalzium und Mineralsalzen sind die Blätter zudem noch äußerst gesund. In der Naturheilkunde werden vor allem die getrockneten Blätter und Wurzeln, meist zubereitet als Tee, als wirksames Mittel gegen rheumatische Erkrankungen eingesetzt. In der Kosmetik finden Brennnesselzusätze in Shampoos, Haarwässern und Haarwuchsmitteln Verwendung, da sie die Durchblutung der Haut unterstützen. Die Fasergewinnung aus der Brennnessel für Seile oder groben Nesselstoff hat heute hingegen weitgehend an Bedeutung verloren.

Ringelblume

CALENDULA OFFICINALIS

Ringelblumen sind mit ihren hellgelb- bis knallorangefarbenen Blüten eine Zierde für jeden Garten. Bekannt ist die Ringelblume mehr als Heil- denn als Gewürzpflanze, obwohl ihre Blüten essbar sind und hübsche Farbtupfer auf Salate und Suppen zaubern. Außerdem färbt die Ringelblume Lebensmittel wie Reis, Butter und Käse gelb. Sie sollte aber nicht nur wegen ihrer Schönheit in keinem Garten fehlen, sondern auch wegen ihrer ausgesprochen heilenden Eigenschaften. Ringelblumensalbe, die leicht selbst hergestellt werden kann, ist in jeder Hausapotheke ein Muss. Sie lindert Sonnenbrand, Hautirritationen und -entzündungen und fördert die Wundheilung. Ist sie einmal im Garten heimisch, sät sich die Pflanze jedes Jahr selbst neu aus. Äußerst anspruchslos wächst sie auf fast jedem Boden. Erntet man die Blütenköpfchen, so wachsen bis in den Herbst neue Blüten nach. Da man die Blüten gut trocknen kann, muss man auch im Winter nicht auf Salbe und Tee verzichten.

Dill

ANETHUM GRAVEOLENS

Der Dill ist eine weit verbreitete und gern genutzte Gewürzpflanze, die vor allem beim Einlegen von Essiggurken zur Anwendung kommt. Die Blätter, die Früchte sowie die gelben Blütendolden können in Salaten, in Dressings und für Brotaufstriche mit Butter oder Quark verwendet werden. Gerne würzt man Fisch- und Fleischgerichte mit diesem Kraut, da es zusätzlich deren Eigengeschmack verstärkt. Der Samen kann im Gegensatz zu den Blättern mitgekocht werden, ohne sein Aroma zu verlieren, und eignet sich besonders für Suppen oder Eintöpfe. Tiefgefroren sind die Blättchen über einen längeren Zeitraum haltbar, doch frisch sind sie viel aromatischer. Daher ist es praktisch, dass der Dill eine anspruchslose Gartenpflanze ist, die sogar leicht in einem Topf gezogen werden kann. Als Heilpflanze werden ihm eine verdauungsfördernde, stressabbauende und beruhigende Wirkung nachgesagt. Da liegt die Vermutung nahe, dass sich sein Name vom altnordischen *dilla* herleitet, was so viel wie »beruhigen, beschwichtigen« bedeutet.

Kerbel

ANTHRISCUS CEREFOLIUM

Der Kerbel ist als Gewürzkraut in der Küche vielfältig einsetzbar. Als Wild-, aber auch als Kulturpflanze entfaltet er sein anisähnliches Aroma am intensivsten, wenn er im Halbschatten steht. Doch ist bei der Verwendung des wilden Wiesenkerbels größte Vorsicht geboten, da er leicht mit anderen giftigen Doldengewächsen verwechselt werden kann. Der Geschmack des Würzkrautes ist mit dem von Petersilie vergleichbar und passt gut zu Salaten, Soßen, Gemüse sowie Fleisch- und Fischgerichten. Wie beim Trocknen verliert der Kerbel einen Teil seines Aromas auch beim Kochen und sollte deshalb erst am Ende der Garzeit hinzugefügt werden. Als Bestandteil einer leckeren Kräuterbutter oder in Gewürzmischungen, wie in den Kräutern der Provence, verleiht der Kerbel den Speisen die richtige Würze. Und auch in der bekannten Frankfurter Grünen Soße entfaltet sich sein charakteristisches Aroma. Reich an Vitamin C, Eisen und Magnesium ist er zudem sehr gesund und soll eine blutreinigende und entwässernde Wirkung besitzen.

Rosmarin

ROSMARINUS OFFICINALIS

Einen poetischen Namen hat der Rosmarin, bedeutet er doch »Tau des Meeres« (*ros marinus*). Eine mögliche Erklärung ist, dass der Rosmarin ursprünglich an den Küsten der Mittelmeerländer wuchs und sich der Tau des Nachts an den Blüten sammelte. Aus der französischen und italienischen Küche ist das aromatische Kraut nicht wegzudenken, er verfeinert nicht nur Hähnchen und Kartoffeln, sondern ist das klassische Grillgewürz und verleiht vielen anderen Fleisch- und Gemüsearten eine raffinierte Note. Allerdings sollte man ihn nur frisch verwenden, da getrockneter Rosmarin ranzig schmecken kann. Das liegt daran, dass an den Bruchstellen der Blätter ätherisches Öl austritt, das durch den Sauerstoff der Luft den unangenehmen Geschmack herbeiführt. Der intensiv duftende Rosmarin verschönert jeden Garten und versammelt eine ganze Hausapotheke in einer einzigen Pflanze. So hilft er gegen Kreislaufbeschwerden und dient der Stärkung des Nervensystems. Er ist immergrün, sollte aber abgedeckt oder im Haus an einem hellen Ort überwintern, da dem Mittelmeerbewohner unsere Winter zu kalt sind. Salbei und Möhren sind im Garten für den Rosmarin gute Nachbarn.

Salbei

SALVIA OFFICINALIS

Der Salbei trägt seine Heilkraft schon im Namen: Das lateinische *salvare* bedeutet »heilen« und tatsächlich ist das Kraut ein wahres Allheilmittel. Als Bonbon oder Tee lindert er Husten und Heiserkeit, im Mundwasser sorgt er für frischen Atem und im Shampoo bekämpft er fettige Haare. Kulinarisch verfeinert er als Standardgewürz der mediterranen Küche frisch oder getrocknet Fleischgerichte, Wild und Geflügel, aber auch Fisch und Gemüse. Salbei findet auch Verwendung beim Einlegen von Gurken, bei Kräuterquark und Kräuterbutter, bei sauren Suppen, Rahmkäse und Tomatensalat. Außerdem erleichtert er die Verdauung bei fetten Speisen und verbannt durch Verbrennen seiner Blätter schlechte Gerüche aus den Räumen. Salbei lässt sich sehr gut durch Trocknen konservieren, eignet sich aber auch zum Einlegen in Öl oder zum Einfrieren. Volles Aroma und reiche Ernte bringt das Heilkraut erst im zweiten Jahr und da die Pflanzen leicht verholzen, sollten sie nach der Blüte stark zurückgeschnitten und spätestens im fünften Jahr durch neue ersetzt werden.

Oregano

ORIGANUM VULGARE

Der Name Oregano ist aus dem Altgriechischen entlehnt und bedeutet »Schmuck der Berge«, was nicht verwundert, da er an den Berghängen dieses Landes wild wächst und sie in seinen aromatischen Duft taucht. Die mehrjährige Pflanze mit den weißen bis rotvioletten Blüten wächst gerne an sonnigen und trockenen Standorten und ist auch in unseren gemäßigten Breiten noch winterhart. Aus der mediterranen Küche kam das scharf-bittere Würzkraut in unsere heimischen Kochtöpfe und sollte auf Grund seines intensiven Geschmacks frisch, aber sehr sparsam verwendet werden. Auch getrocknet entfaltet sich sein Aroma, das besonders Pizza und Nudelgerichte schmackhaft macht und eine verdauungsfördernde Wirkung besitzt. Im Mittelalter glaubte man, mit Oregano Hexen und Dämonen fernhalten zu können, zudem soll der Dost oder Wohlgemut, wie er auch genannt wird, die Lebensgeister wecken. Daher wurde er oft in den Brautstrauß eingebunden und ist noch heute Bestandteil des Kräuterbuschens an Mariä Himmelfahrt (15. August).

Estragon

ARTEMISIA DRACUNCULUS

Der Estragon avancierte mit seinem charakteristischen Geschmack und dem Anisaroma zu einem der wichtigsten Gewürze nicht nur in der deutschen Küche. Als Bestandteil französischer Kräutermischungen und verschiedener Soßen ist er auch aus der französischen Küche nicht mehr wegzudenken. Als Würzkraut für Geflügel und Fisch oder für die Herstellung von Essig und Senf hat er sich einen festen Platz erobert. Sein Aroma kommt am besten zur Geltung, wenn seine frischen Blättchen feingehackt in einem Kräuteressig oder mit Zitronensaft beträufelt verwendet werden. Wird er getrocknet, verliert er wie die meisten Kräuter einen Teil seines Aromas. Der Gehalt der ätherischen Öle, denen der Estragon seinen aromatischen Duft und würzigen Geschmack verdankt, ist kurz vor seiner Blüte am höchsten. Daher sollten die jungen Triebspitzen und Blätter gerade in dieser Zeit geerntet werden. In der Naturheilkunde wird dem Estragon zwar eine verdauungsfördernde Wirkung zugesprochen, als Heilpflanze spielt er aber keine große Rolle.

Kresse

LEPIDIUM SATIVUM

Im Winter und Frühjahr kann mit der nährstoffreichen Gartenkresse der eigene Speiseplan ergänzt werden, da sie viel Vitamin A und C, Kalium, Kalzium, Eisen und Folsäure enthält. Ihr Genuss vertreibt im Nu die Frühjahrsmüdigkeit. Sie ist einfach auf der Fensterbank zu ziehen und kann schon ein bis zwei Wochen nach der Aussaat, aber nur bis zur ersten Blüte geerntet werden. Danach sollte man nur noch die Samen zur weiteren Aussaat ernten. Mit ihrem scharfen, an Rettich erinnernden Geschmack passt sie gut zu Salaten oder als Gewürz zu Suppen und Eierspeisen. Aber auch als Aufstrich, zum Beispiel im Quark oder Frischkäse, oder einfach auf einem frischen, mit Butter bestrichenen Brot ist sie ein purer Genuss. Zudem eignet sie sich als leckere und hübsche Dekoration auf Sandwiches, überbackenen Gerichten oder einer Quiche. Da dieses Kraut so gesund ist und eine entzündungshemmende und verdauungsfördernde Wirkung hat, ist es ein wahres Muss im eigenen Kräutergärtlein.

Kamille

MATRICARIA CHAMOMILLA

Als Heilkraut genießt die duftende Kamille große Beliebtheit und wird als regelrechter Alleskönner vielfach eingesetzt. In Cremes oder Tinkturen, in Salben und als Tee kann man sie innerlich und äußerlich anwenden. Sie wirkt entzündungshemmend, beruhigend und krampflösend und kann bei Magen- und Darmbeschwerden eingenommen, bei Erkrankung der Atemwege inhaliert und bei Entzündungen in der Mundhöhle als Salbe oder Spülung verwendet werden. Nur die weißen Blütenköpfchen des Heilkrautes werden für diese Zwecke zu einem bestimmten Zeitpunkt geerntet, nämlich dann, wenn zwei Drittel der Blüten am Köpfchen aufgeblüht sind und der Gehalt an ätherischen Ölen am höchsten ist. Doch leider findet sich die Kamille in der Natur immer seltener, da sie gern an Getreidefeldrändern wächst, dort aber oft unerwünscht ist. Für den eigenen Gebrauch kann man sie kaufen oder im eigenen Garten ziehen.

Petersilie

PETROSELINUM CRISPUM

Schon im antiken Griechenland wurde die Petersilie als heilig angesehen, um kaum ein anderes Kraut rankte sich im Mittelalter solch vielfältiger Aberglauben. So wird überliefert, dass die zweijährige Pflanze nach dem Säen deshalb eine so lange Keimzeit benötigt, weil sie erst nach Rom pilgern und den heiligen Petrus selbst um Erlaubnis bitten muss, austreiben zu dürfen. Heute wird das bekannte und vielfältig verwendbare Gewürzkraut vor allem zu Salaten, Suppen, Kartoffeln und Gemüse geschätzt. Es ist eines der wenigen Küchenkräuter, das den Geschmack anderer Gewürze betont. Einen Großteil der kleingehackten, frischen Blätter sollte man erst kurz vor dem Servieren dazugeben, da sich das unauffällige Aroma der Petersilie schnell verflüchtigt. Auch die Petersilienwurzel, eine Unterart der Petersilie, kann als schmackhaftes Gemüse zubereitet werden. Ein hoher Vitamin-C- und Eisen-Gehalt machen das Kraut zudem zu einer gesunden Beigabe, die eine blutreinigende und harntreibende Wirkung hat und auch bei Verdauungsstörungen und Menstruationsbeschwerden eingesetzt wird.

Rucola

ERUCA VESICARIA SUBSP. SATIVA

Die in Vergessenheit geratene Rauke hat durch die französische und italienische Küche bei uns eine Renaissance erlebt, allerdings unter ihrem italienischen Namen. Neben dem klassischen Rucola, der Garten-Senfrauke, wie sein voller Name lautet, wird der Schmalblättrige Doppelsame (*Diplotaxis tenuifolia*) ebenfalls als Rucola bezeichnet. Er hat kleinere Blätter und einen intensiveren Geschmack. Beide werden wegen ihres nussig-würzigen Aromas grünen Salaten beigemischt. Auf Pizza und Pasta gestreut geben ihre frischen Blätter den besonderen Pfiff. Als Gewürz verfeinert der Rucola Risotto, Suppen, Pesto und Ragouts, sollte aber erst ganz zum Schluss hinzugefügt werden, da er sonst seinen typischen Geschmack verliert. Er ist anspruchslos und wächst schnell, wenn man seinem Bedürfnis nach Wärme und Sonne Rechnung trägt. Entfernt man die Blüten, treibt er neue Blätter, so dass man lange frisch ernten kann.

Schnittlauch

ALLIUM SCHOENOPRASUM

Der Schnittlauch kann mit seinem schmackhaften Zwiebelaroma seine Verwandtschaft mit Zwiebeln, Knoblauch und Bärlauch nicht verleugnen. Er ist eines der beliebtesten Küchenkräuter überhaupt und darf deshalb in keinem Kräutergarten fehlen. Zudem ist er äußerst gesund und eignet sich gut als Dekoration. Er wird gerne frisch geerntet in herzhaften Salaten, Kräuterquark und -butter, Suppen, Fischgerichten oder auf einem einfachen Butterbrot verwendet. Seine kugeligen, violetten Blüten verzieren jedes Gericht und können, z. B. im Salat, auch mitverzehrt werden. Der mehrjährige, anspruchslose Schnittlauch kann das ganze Jahr über geerntet werden und treibt immer wieder nach. Er fühlt sich an einem feuchten, sonnigen Platz am wohlsten und gedeiht auch im Topf. Im Sommer, wenn viel Schnittlauch zur Verfügung steht, kann man ihn kleingeschnitten problemlos einfrieren, denn er verliert dadurch weder Geschmack noch Farbe. Seine Wirkung ist antibakteriell, er enthält außerdem viel Vitamin C und Mineralstoffe.

Giersch

AEGOPODIUM PODAGRARIA

Dem Gärtner ist der Giersch vor allem als echte Plage bekannt, denn hat man ihn einmal im Garten, wird man das lästige Unkraut nur schwer wieder los. Durch seine unterirdischen Triebe, die auch in das Wurzelgeflecht von Zierpflanzen eindringen, kann sich der Giersch schnell und großflächig verbreiten. Will man ihn los werden, verteilt man am besten im Herbst Rindenmulch unter Hecken und Sträuchern. Doch ist es vielleicht eine Überlegung wert, dem Geißfuß, wie er wegen seiner an einen Ziegenfuß erinnernden Blattform auch genannt wird, eine sicher abgegrenzte Ecke im Garten zu gönnen. Das Kraut ist nämlich auch ein gesundes und wohlschmeckendes Wildgemüse. Die jungen Blättchen, vergleichbar im Geschmack mit Petersilie, würzen feingehackt Salate. Ältere Blätter werden am besten gedünstet oder gekocht und in Suppen oder ähnlich wie Spinat zubereitet genossen. Als Tee aufbereitet sollen sie eine blutreinigende Wirkung entfalten. Früher wurde der Giersch zudem als Heilmittel gegen Gicht und Rheuma eingesetzt.

Koriander

CORIANDRUM SATIVUM

Schon die alten Ägypter erkannten die Vorzüge des Korianders und bauten ihn als Nutzpflanze an. Als Heil- und Würzkraut hat er auch heute nichts von seiner Bedeutung verloren. Wegen seines starken und eher unangenehmen Geruchs erhielt er in der Vergangenheit zwar wenig schmeichelhafte Beinamen wie Wanzenkraut oder Stinkdill, doch in der Küche erfreut sich die Würzpflanze bis heute großer Beliebtheit. Die jungen Blättchen bestechen durch ihren scharfbitteren, zitronenartigen und sicher erst einmal gewöhnungsbedürftigen Geschmack und kommen hervorragend in Salaten, Soßen und Eintöpfen zur Geltung. Die Samen des Korianders hingegen haben ein süßliches Aroma und passen frisch gemahlen und eventuell kurz angeröstet zu Currygerichten und Ratatouille. Vor allem aber geben sie Weihnachtsgebäck wie Printen und Lebkuchen den typischen und unvergleichlich leckeren Geschmack. Als Heilpflanze lindert Koriander, als Tee aufbereitet, Magen- und Darmleiden und wirkt krampflösend.

Borretsch

BORAGO OFFICINALIS

Der raublättrige Borretsch, dessen anfänglich rosafarbene Blüten sich mit fortschreitender Blühzeit zu einem strahlenden Blau verfärben, ist nicht nur auf der Wiese eine dekorative Pflanze. Auch im Salat oder kandiert auf Kuchen verschönern die schmackhaften Blüten das Bild. Die Blätter passen mit ihrem an Gurken erinnernden Aroma gut zu Suppen, Salaten und Soßen: So dürfen sie natürlich in der bekannten Frankfurter Grünen Soße nicht fehlen. Kalten Getränken verleiht das Aroma der auch als Gurkenkraut bezeichneten Pflanze gerade im Sommer eine wohltuende, frische Note. In der Heilkunde findet der Borretsch als stimulierendes, fiebersenkendes und schleimlösendes Mittel seine Anwendung. Doch ist bei einer übermäßigen Verwendung dieser Pflanze in der Küche und als Heilmittel Vorsicht geboten, da sie, bis auf die Blüten, leberschädigende und krebserregende Stoffe enthält.

Pfefferminze

MENTHA X PIPERITA

Der sprechende Name der Pfefferminze verweist schon auf das scharfe, frische Aroma dieses Krautes, das Salaten, Süßspeisen, aber auch Fleischgerichten eine besondere Note verleiht. Die Blätter, als Tee aufgekocht, sind ein erfrischendes Getränk, das krampflösend wirkt und bei Magen- und Darmbeschwerden hilft. Sie enthalten einen hohen Anteil an Menthol, aus dem ätherisches Öl gewonnen wird. Dieses ist auf der Haut wohltuend und kühlend. Es kann bei einer Erkältung inhaliert werden und durch Einreiben der entsprechenden Partien Kopf- und Nervenschmerzen sowie Migräne lindern. Zudem regt Pfefferminze die Gallensaftproduktion an und wirkt desinfizierend. Allerdings ist bei dem Gebrauch der Pfefferminze Vorsicht geboten, da sie nicht von jedem gut vertragen wird. Die Minze ist eine ausdauernde Pflanze, die im Garten auch ohne besondere Pflege gedeiht, dann aber mehr und mehr verwildert, wobei der Mentholgehalt schließlich zurückgeht.

Waldmeister

GALIUM ODORATUM

Der Waldmeister wächst, wie sein Name schon verrät, bevorzugt in lichten Buchenwäldern und verströmt dort vor allem in leicht welkem Zustand seinen charakteristischen Duft. Dieser rührt von seinem Inhaltsstoff, dem Cumarin, her, das in größeren Mengen genossen giftig und leberschädigend ist. Daher ist der Höchstanteil dieses Krautes in den Nahrungsmitteln in Deutschland gesetzlich vorgeschrieben. Der Genuss von Waldmeisterbowle oder -tee oder die Verwendung des Krautes zusammen mit Essig in einer Marinade für Rind- oder Schweinefleisch ist hin und wieder und unter Vorsichtsgebot aber durchaus zu empfehlen. Behutsam angewendet kann der Waldmeister sogar bei Durchblutungsstörungen und Kopfschmerzen heilend eingesetzt werden, da er gefäßerweiternd, beruhigend, entzündungshemmend und krampflösend wirkt. In einer Mischung mit anderen Kräutern kann er als Duftkissen im Schrank gegen Motten und neben dem Bett bei Einschlafstörungen wirksam sein.

VERLAGSGRUPPE PATMOS

PATMOS
ESCHBACH
GRÜNEWALD
THORBECKE
SCHWABEN

Die Verlagsgruppe
mit Sinn für das Leben

MIX
Papier aus verantwortungsvollen Quellen
FSC® C004592
FSC
www.fsc.org

Für die Schwabenverlag AG ist Nachhaltigkeit ein wichtiger Maßstab ihres Handelns. Wir achten daher auf den Einsatz umweltschonender Ressourcen und Materialien. Dieses Buch wurde auf FSC®-zertifiziertem Papier gedruckt. FSC (Forest Stewardship Council®) ist eine nicht staatliche, gemeinnützige Organisation, die sich für eine ökologische und sozial verantwortliche Nutzung der Wälder unserer Erde einsetzt.

2. Auflage 2014

www.thorbecke.de

Gestaltung: Finken & Bumiller, Stuttgart, Saskia Bannasch
Druckerei: Firmengruppe APPL, Wemding
Hergestellt in Deutschland
ISBN 978-3-7995-0727-1

BILDNACHWEIS S. 5, 9, 61: © *mauritius images / GAP* | S. 6: © *mauritius images / imagebroker / Gary K Smith / FLPA* | S. 11: © *mauritius images / FreshFood* | S. 12, 15, 18, 22, 25, 29, 31, 34, 37, 41, 43, 51, 54, 58, 63: © *Kriemhild Finken, Prüm* | S. 16: © *mauritius images / Zen Shui* | S. 21: © *mauritius images / Arne Pastoor* | S. 26: © *mauritius images / Alamy* | S. 32: © *mauritius images / cultúra* | S. 38, 44, 57: © *mauritius images / Garden Picture Library* | S. 47: © *mauritius images / Carlos Sánchez Pereyra* | S. 48: © *mauritius images / Kerstin Layer* | S. 52: © *mauritius images / age*

Alle historischen Abbildungen entstammen den Beständen der Württembergischen Landesbibliothek, Stuttgart.

Der Verlag dankt allen Rechteinhabern für die freundliche Genehmigung zum Nachdruck.

Redaktion: Susanne Kautzsch, Nina Ostertag